X

Luiz Carlos Moraes

Prefácio: Pastor Humberto Paes

Diligência x Preguiça
1ª edição: 2020
Luíz Carlos Moraes

Coordenação Editorial
Nilce Sousa
Edição
Regiane Ibernon Prates
Revisão
Marcio Augusto Prates
Capa, Diagramação e Projeto Gráfico
Marcus V. P. Alcântara
Revisão Final
Regiane Ibernon Prates

Organização:
Cevi Produções / CNPJ 07.856.521/0001-94
ceviproducoes@gmail.com

M827d Moraes, Luiz Carlos
    Diligência x preguiça / texto Luiz Carlos Moraes; coordenação editorial: Nilce Sousa; edição e revisão final: Regiane Ibernon Prates; revisão: Márcio Augusto Prates; capa, diagramação e projeto gráfico Cevi Produções. – 1. ed. – Caldas Novas-GO : CEVI, 2020.
    92p.

    Inclui bibliografia
    ISBN: 978-65-5642-050-9

    1. Aprendizagem. 2. Conhecimento. 3. Crescimento espiritual. 4. Tempo. 5. Maturidade. 6. Conquista. I. Sousa, Nilce. II. Título.

CDU: 248

Catalogação na publicação por: Onélia Silva Guimarães CRB-14/071

DEDICATÓRIA

Dedico este livro a todas as pessoas que, com coragem e diligência, enfrentam a labuta do dia a dia, seja no trabalho, nos lares, nas escolas, nas Igrejas, e não se rendem ao comodismo e à procrastinação. A todos aqueles que, com muita perseverança e esforço, tomam a atitude de buscar realizar seus objetivos e, assim, servem de inspiração a outros.

Agradecimentos

Ao Deus Triuno, que, com sua graça e misericórdia, me capacitou na composição deste livro.

Ao meus pais Luiz Moraes e Severina Moraes, que sempre oraram por minha vida, me inspiraram e foram grandes exemplos de esforço, trabalho e dedicação.

À minha esposa Gleiciara Moraes, que em todo tempo me incentivou, orando por este projeto, ao qual ouviu com atenção, e sempre me encorajando para a sua realização.

Aos meus filhos Samuel Moraes e Deborah Moraes, que me serviram de alegria e satisfação ao trabalhar nesta obra tão especial, sempre torcendo pelo nosso sucesso.

PREFÁCIO

Esta leitura trata-se de uma antítese desenvolvida de forma muito clara pelo autor entre a presença da diligência e da preguiça na vida de alguém. A diligência é o cuidado, a meticulosidade e o esforço no desenvolvimento de qualquer trabalho ou na construção de qualquer relacionamento. Já a preguiça é o desânimo, a lentidão e a falta de esforço na produção ou execução de um trabalho e o descaso total no investimento de relacionamentos saudáveis.

A aplicação no estudo deste valioso material irá desnudar ou descortinar seu entendimento para o importante tema. Algo que tem provocado sérias dificuldades em muitos relacionamentos, além de gerar a falta de produtividade e de excelência em vários projetos e trabalhos de muitas pessoas.

Que a diligência seja desenvolvida em sua vida após esta leitura e que a preguiça seja arrancada de sua história. Mesmo que esteja escondida, transvestida de outras palavras ou comportamentos, que ela seja revelada, com o fim de ser tratada e eliminada, pois, com certeza, pode estar devastando a sua vida e a vida de muitos que estão ao seu redor.

Pastor Humberto Paes

SUMÁRIO

INTRODUÇÃO

Por mais diligentes que sejamos hoje, certamente já enfrentamos, em algum estágio de nossa vida, uma batalha contra a preguiça. Quem de nós um dia não se entregou à falta de ânimo ou ao desejo de ficar quieto, deitado em frente à TV, para esquecer da agitação da vida? Não tem nada de anormal uma vez ou outra nos entregarmos ao descanso ou ao lazer. O problema está quando resolvemos gastar boa parte do nosso tempo com coisas inúteis.

De forma intensa ou esporádica, a preguiça sempre aparece na nossa rotina e, dependendo de sua força, é capaz de paralisar nossa produção, nossa saúde física, nossos progressos acadêmicos. Ela pode se manifestar como falta de afeição ao trabalho ou excesso de afeição apenas por aquilo que é prazeroso. Enfim, se dermos vazão, pode se transformar em uma catástrofe nas mais diversas esferas de nossa vida.

Chamamos de **"preguiça"** a sensação de lentidão e falta de ânimo para produzir. Mas essa palavra também pode ser substituída por **"negligência"** ou **"displicência"**, pois a sua manifestação não se dá apenas na negação de fazer o que precisa ser feito. Ela também acontece pela procrastinação e pelo desleixo.

Você já ouviu a expressão: *"O preguiçoso faz duas vezes"*? Ela é uma verdade, em partes. Primeiramente porque, quando uma pessoa faz o serviço incompleto, será obrigada a refazê-lo. Pior ainda é quando o desleixo ou a negligência afeta um grupo, a missão de uma Igreja, um sistema corporativo ou mesmo trazendo ruína sobre uma família.

Além de não querer ser incomodado, o preguiçoso não mede as consequências de suas ações, na verdade, da falta delas. Tal irresponsabilidade, infelizmente, pode afetar não apenas a sua vida, mas a de seus filhos, cônjuges, colegas de trabalho, escola ou faculdade, parceiros de ministério. Enfim, o preguiçoso se torna um peso para aqueles que com ele convivem.

É claro que há muitos casos de negligência por questões patológicas ou psíquicas. Quanto a essas situações, não podemos ser maldosos. Especialmente tendo em vista que a depressão é a doença que mais se alastra na sociedade. Sem contar com as novas síndromes, como a de "Burnout", caracterizada pelo esgotamento mental e, consequentemente, físico, bem como muitas outras enfermidades autoimunes que afetam o vigor.

Não estamos, portanto, falando de casos de saúde. Mesmo porque um diligente, até quando é acometido por uma enfermidade, dificilmente se deixará abater por completo. De alguma forma, buscará superação. Porque a diligência não é um sentimento, é um traço de caráter. Aqueles que não a possuem devem se refugiar no Senhor e buscar desenvolvê-la.

Quanto à preguiça propriamente dita, embora não seja considerada uma patologia, são inúmeros os malefícios. No aspecto pessoal, ela afeta diretamente os relacionamentos, pois, entre tantos tipos de pessoas, existem duas a serem citadas: as que não toleram carregar o peso de desocupados e as que não toleram ver os outros carregando esse peso. Em ambientes em que estão preguiçosos e intolerantes à preguiça, esta se torna fagulha em palheiro.

Ainda no aspecto pessoal, imagine um casal em que um é diligente e o outro é preguiçoso. As desavenças serão certas! Se não houver uma correção de rota, de preferência do desleixado, o divórcio pode assolar a relação. Outros prejuízos, como o sedentarismo e a falta de zelo pela saúde física, bucal e estética, só acarretam derrotas à vida do negligente.

No aspecto profissional, a preguiça pode ser determinante, pois ela influencia diretamente nos resultados. Nesse âmbito, só é bem-sucedido quem alcança suas metas, quem se supera. É claro que há pessoas que se conformam em passar o resto da vida em uma só função, sem expectativas de crescimento. Mas isso também é negligência com toda a capacidade que nos foi dada quando recebemos o "DNA" da imagem e semelhança de Deus.

Felizmente, é possível estabelecermos novos hábitos, que, de maneira progressiva, podem eliminar a negligência de nossa vida. Nesses casos, a sensação prazerosa da preguiça é substituída pela satisfação de conquista que a diligência proporciona.

Por isso, viemos aqui, através desta obra, apresentar boas-novas: a preguiça tem cura e, em alguns casos, libertação. Primeiramente um cristão precisa ter em mente que nada é impossível para Deus, que pelo poder do Evangelho as coisas velhas de nosso caráter passam e temos oportunidade de escrever uma história nova, fazendo tudo diferente.

Pelo que, se alguém está em Cristo, nova criatura é; as coisas velhas já passaram; eis que tudo se fez novo.

2 Coríntios 5:17

CAPÍTULO 01

LUTANDO CONTRA A PREGUIÇA

Vocẽ já se fez a seguinte pergunta: O que é, na verdade, a preguiça? E mais: Como fazer para vencer esse mal? Como convencer a nós mesmos e as demais pessoas a atitudes nas mais diversas áreas para que as coisas andem, se resolvam? Ou mesmo para buscar saídas e recursos melhores, para que se alcance transformação e êxito em tudo o que está mal resolvido ou parado, sob a perspectiva de vencer a preguiça?

Antes de tudo, devemos entender o significado e o sentido da palavra "preguiça" e como ela está associada às nossas queixas diárias e aos nossos insucessos.

Não tenho a pretensão de apontar ou dar pista alguma que leve alguém a ser apontado como uma pessoa preguiçosa. Mesmo porque, em muitos casos, a situação de cada um pode estar ligada a problemas psicológicos, patológicos, de cosmovisão. Assim, qualquer semelhança é mera coincidência!

Para um melhor entendimento do assunto, precisamos considerar três terminologias, uma hebraica e duas gregas, a saber:

1) Atslán - Significa "preguiçoso". É a palavra hebraica que aparece 14 vezes (na Bíblia), como, por

exemplo, em Provérbios 6:6, 6:9, 10:26, 13:4, 20:4, 26:16; ou em Juízes 18:9;

2) Oknerós - Significa "preguiçoso", "displicente", principalmente no sentido de não obedecer aos mandamentos de Deus ou ao seu chamamento. Esse termo grego aparece por três vezes (nas Escrituras): Mateus 25:26 (referência na parábola dos talentos: *"servo mau e negligente"*); Romanos 12:11 (*"nunca falte o zelo"*); e Filipenses 3:1 (*"não é cansativo a mim"*);

3) Nothrós - Também tem o significado de "preguiçoso". Esse vocábulo grego aparece duas vezes (na Bíblia): Hebreus 5:11 (*"vocês se tornaram lentos"*) e Hebreus 6:12 (*"não se tornem negligentes"*).[1]

Na língua portuguesa, segundo o Dicionário Aurélio, a definição da palavra "preguiça" é a seguinte:

1) Pouca disposição para o trabalho; aversão ao trabalho; inação; inércia;

2) Demora ou lentidão em fazer qualquer coisa; indolência; moleza; morosidade; negligência.

---

1   CHAMPLIN, R.N. Ph.D. Enciclopédia de bíblia, teologia e filosofia. São Paulo: Hagnos, 2014, p.370.

Até quando você vai ficar deitado, preguiçoso? Quando se levantará do seu sono? Tirando uma soneca, cochilando um pouco, cruzando um pouco os braços para descansar, sua pobreza o surpreenderá como um assaltante e a sua necessidade sobrevirá como um homem armado sobre você.

Provérbios 6:9-11

Há muitos autores que em seus livros contam sucessos, ou seja, como fizeram para vencer na vida, o que renunciaram para que pudessem ir tão longe. Quando se analisa suas histórias, é notório que o diferencial de muitos deles foi a disposição e a atitude que tiveram. Ainda que o dia tenha 24 horas para todos, a solução estava na maneira como usaram o seu tempo e não desperdiçaram nenhum minuto.

> **Tudo passa pelas decisões que tomamos. Elas, muitas vezes, podem estar associadas à busca pelo caminho mais fácil, o mais confortável, o menos trabalhoso, o menos cansativo.**

De certa forma, isso não está errado, visto que todos nós precisamos realmente buscar o conforto, a facilidade, o avanço, a melhoria das coisas. Entretanto, essa condição precisa se dar de maneira inteligente, planejada, pensada, bem avaliada, de forma que as consequências sejam sempre favoráveis ao cumprimento do objetivo inicial.

Hoje em dia, o marketing das indústrias de tecnologia mostra isso, explorando com frequência crescente a maneira de trazer a todos maior conforto e maior facilidade para o dia a dia. Os principais atrativos atendem cada vez mais as necessidades pessoais e a diminuição no tempo de trabalho. Um exemplo são os smartphones, que já substituem computadores, câmeras fotográficas, calculadoras, filmadoras, gravadores de áudio, entre outros, e ainda fazem e recebem ligações.

Algum tempo atrás, teríamos que ligar o computador, esperar o mesmo se iniciar, ajeitar a cadeira confortavelmente e só então utilizá-lo. Nos dias atuais, deitados comodamente na nossa cama, podemos escrever textos nos aplicativos do telefone, editar fotos, ler livros, fazer compras, navegar na internet, movimentar contas bancárias, fazendo depósitos e transferências e usando apenas o suave movimento dos dedos. Isso não é incrível?!

No quesito conforto e facilidade, nos tornamos pessoas bem "realizadas". Entretanto, todo esse avanço tecnológico que vivemos estabeleceu uma necessidade de urgência nos nossos afazeres, de forma que toda a aceleração da vida tem trazido consigo problemas, entre eles, o estresse e a ansiedade.

> **Se de um lado temos o avanço da tecnologia trazendo o bem-estar, de outro temos a celeridade da vida como resultado.**

Por exemplo, provavelmente você já ouviu a expressão "tempo é dinheiro", não é mesmo? É exatamente isso o que as pessoas vivem hoje. O indivíduo sai para trabalhar, ou seja, vende suas horas de vida, prestando um serviço em determinada empresa. Essa pessoa, então, é "cobrada" sempre a fazer seu trabalho de uma forma mais produtiva e em um tempo menor.

No caso de um estudante, este é cobrado a desenvolver-se em seus estudos, buscando se capacitar cada vez mais para obter um futuro mais seguro. Muitas vezes, sem perceber, isso o deixa exausto, fadigado, cansado, desfocado e desgastado. Em muitas situações, o cansaço não é apenas físico, mas também mental.

Um filme que traz cenário semelhante a esse é "Modern Times" ("Tempos Modernos", Charlie Chaplin Film Corporation, 1936). A obra retrata a rotina monótona e repetitiva do serviço de um trabalhador de uma fábrica, ele que tinha cargas horárias extensas e o compromisso de produzir mais e mais. Os operários lutavam por melhores salários (que eram baixos), melhores condições de trabalho (os recintos eram imundos e as máquinas tinham manuseio perigoso) e jornada menor, o que por si já produzia um desgaste da mente e do corpo, resultando em um custo muito alto da qualidade de vida.

A história do filme se dá no início do século XX. Nele, depois do árduo dia de trabalho, as pessoas sentiam o intenso desgaste físico e emocional. Quase um século depois, apesar de toda a tecnologia, a luta pela sobrevivência ainda é pesada para muitos trabalhadores. E isso nas diversas áreas, braçais ou não, para profissionais como carpinteiros, engenheiros, músicos, artistas, médicos, enfermeiros, policiais, entre outros, sem contar os estudantes dos quais foi falado.

Além do próprio serviço, essas pessoas não podem ignorar o que se passa na sociedade. Precisam se inteirar um pouco na política, observar notícias, entender regras, praticar ética, buscar qualidade, conhecer sistemas. Tudo isso tem certo grau de responsabilidade e, às vezes, é fatigante. Muitos trabalhadores chegam às suas casas e precisam dar atenção aos filhos, ao cônjuge, além das atividades do lar, e tudo depois de um dia de trabalho difícil.

> **As diferentes obrigações a que estamos sujeitos tendem a reduzir de forma significativa a duração dos períodos de lazer e de momentos de atenção à família.**

Ou seja, falta-nos tempo para estarmos com aqueles de quem gostamos. Um exemplo simples disso está no relacionamento com os filhos e cônjuges, em relação aos quais enfrentamos certos desafios pela falta de mais tempo junto.

Podemos nos autoavaliar e perguntar a nós mesmos sobre como temos demonstrado interesse no dever de casa dos filhos ou em ter mais diversão, ler um livro, assistir um filme em família. Em relação ao seu cônjuge, tem sido mantido o diálogo? Você tem dado a atenção devida à sua esposa ou ao seu marido? Tem elogiado? Tem programado sair junto? Tem feito planejamentos a curto e a longo prazo? E quanto aos seus pais? Têm atenção de sua parte? Você tem mostrado que se importa com eles? Tem disposição para ouvi-los?

Perguntas assim podem ser usadas para que façamos uma reflexão sobre o que pode melhorar. Momentos como os citados requerem de todos uma disposição diária. Por vezes, em função do cansaço, desatenção e outros interesses, somos desafiados a não fazer, a deixar para depois ou a diminuir o tempo em função de outras coisas menos importantes. E isso compromete a qualidade do que é realmente importante e necessário na vida.

Temos que lutar diariamente para manter o ânimo de fazer tudo o que tem de ser feito e em todas as áreas. Em muitos momentos, o nosso corpo "grita" por descanso e o melhor a fazer é descansar mesmo, tirar um cochilo ou umas férias. O desejo de conforto, descanso, facilidade não é errado até certo ponto. Entretanto, às vezes isso é fruto da indisposição de fazer esforço, da indolência, do ócio.

> **A vida preguiçosa é aquela que põe de lado as obrigações e as responsabilidades, a fim de atender a "voz interior do corpo", que clama para apenas mais uns instantes de sono ou por decisões como: "Faço isso amanhã"; "Depois resolvo aquilo".**

Depois, depois, sempre depois! A preguiça é o alimento da procrastinação, que se trata do ato de adiar as coisas que deveriam ser feitas em determinado momento.

Segundo R.N. Champlin (2014), a pessoa preguiçosa é um dos casos humanos mais lamentáveis que existem. Ela não se deixa inspirar por qualquer ideia. Motivações nem ameaças adiantam para torná-la ativa.

> *O preguiçoso não se envolve em qualquer ocupação e olvida-se de qualquer propósito na vida. Ele(a) se queixa quando suas acomodações não são de primeira classe e critica a outros de egoístas quando não é servido como pensa que deveria ser. O indivíduo preguiçoso chega tarde ao trabalho ou escola; sai cedo do serviço; faz longas pausas no trabalho para "relaxar" um pouco; se entrega muito à fofoca e maledicência. Muitos pensam que a Terra é uma colônia de férias e assim vivem sem compromisso algum, e o Céu é um lugar melhor ainda e fácil de ser ganho, pois sempre poderá aplicar seu jeitinho.*[2]

O exagero do descanso pode despertar a preguiça. Acontece que tudo na vida tem suas consequências e, na maioria dos casos, as pessoas só reagem mediante um cenário difícil, causado por sua falta de atitude de fazer o que deveria ser feito e no momento que era para ser feito.

____

2   CHAMPLIN, R.N. Ph.D. Enciclopédia de bíblia, teologia e filosofia. São Paulo: Hagnos, 2014, p.369.

De milhares de exemplos, vou destacar um bem simples que já pode ter feito parte da dura realidade da vida de alguém: suponhamos que uma pessoa fez pagamentos com cheques e não se deu ao trabalho de anotar em sua agenda o valores e para quem foram dados. Ela preferiu guardar tudo na cabeça, sem tomar nota em canto nenhum. Pior: se esqueceu e aqueles cheques foram compensados.

O detalhe é que a pessoa em questão deixou de fazer os depósitos na sua conta para cobrir as compensações. Na verdade, adiou a ida ao banco, pois estava cansada e preferiu o "daqui a pouco". Imagine o que aconteceu. É claro que os cheques foram devolvidos e o nosso personagem teve que pagar a taxa de devolução de cada um. O prejuízo só aconteceu porque ele decidiu atender a "voz da preguiça". Procrastinou sem necessidade e pagou o preço desnecessário de um dinheiro que já lhe fazia falta.

CAPÍTULO 02

DILIGÊNCIA, O CAMINHO DA SUPERAÇÃO

Trabalho sem esforço é o que muitos buscam. Entretanto, não há resultado bom em um trabalho assim, sem dedicação. Toda atividade requer a busca por um objetivo e o caminho para tal deve ser pavimentado com diligência, cuidado, capricho, esmero, atenção e paciência. Para tudo isso, são necessários esforço, empenho, perseverança.

R.N. Champlin (2014) já dizia: *"A preguiça é uma atitude que prejudica os próprios deveres do indivíduo para com Deus e com o próximo"*[1]. Como fazer para vencer esse mal? A resposta é simples e complexa ao mesmo tempo: decisão! É simples porque realmente há simplicidade no entendimento da palavra. É tomar atitudes certas, reagir. É complexa porque isso sempre demanda ação correta e constância para uma mudança de hábito.

> **Decidir fazer o que tem que ser feito é um grande passo. Todavia, fazer as coisas acontecerem é a grande questão.**

A Bíblia trata desse assunto em vários textos, como já mencionados nesta obra, mais diretamente nos livros de Provérbios e Eclesiastes. Neles, é ensinando o quanto uma pessoa entregue à preguiça e ao comodismo pode atrasar,

---

[1] **CHAMPLIN, R.N. Ph.D. Enciclopédia de bíblia, teologia e filosofia. São Paulo: Hagnos, 2014, p.370.**

arrasar e definhar sua própria vida e a de outros à sua volta, apenas por não fazer aquilo que deveria ser feito, na forma, no tempo e no sentido correto.

Pessoas acomodadas e preguiçosas seguem ignorando as consequências do mal que isso pode provocar. E o pior: não se preocupam em querer saber. Um indivíduo assim é um desastre para a empresa que o contratou, é um atraso nos projetos que participa ou em qualquer atividade que se envolva. Não se move para fazer as coisas acontecerem, não reage à vida, não avança em busca de melhores resultados, não persiste em alcançar o que foi planejado, combinado, idealizado.

Certos problemas referentes a esse assunto não são tão fora de alcance para se resolver. Geralmente estão ligados a hábitos errados, coisas pequenas que poderiam fazer a diferença na vida de alguém. Entenda que a preguiça é a inércia das pessoas frente a qualquer situação, a fim de que esta se resolva por si só ou que outros cheguem e façam o que deve ser feito. Isso realmente não funciona!

> **O cotidiano não aceita a conduta da preguiça! A vida não recebe na sua rotina os rastros que essa má índole deixa.**

Por conta disso, as pessoas fazem sátiras e existem muitas piadas sobre o "preguiçoso". Na verdade, essas manifestações são críticas inteligentes e bem humoradas que retratam o lado ridículo de determinado assunto, como, por exemplo "Os Dez Mandamentos do Preguiçoso", de autor desconhecido:

OS 10 MANDAMENTOS DO PREGUIÇOSO

1) Viva para descansar;

2) Ame a sua cama. Ela é o seu templo;

3) Se vir alguém descansando, ajude-o;

4) Descanse de dia para poder dormir à noite;

5) O trabalho é sagrado. Não toque nele;

6) Nunca faça amanhã o que você pode fazer depois de amanhã;

7) Trabalhe o menos possível; o que tiver para ser feito, deixe que outra pessoa faça;

8) Calma, nunca ninguém morreu por descansar;

9) Quando sentir desejo de trabalhar, sente-se e espere que ele passe;

10) Não se esqueça, trabalho é saúde. Deixe o seu para os doentes.

O QUE GRANDES NOMES FALARAM SOBRE A PREGUIÇA

"De todas as nossas faltas, aquela da qual nos desculpamos mais facilmente é a preguiça."

François de la Rochefoucauld

"Ausência de ocupação não é descanso; uma mente sem nada para fazer é uma mente inquieta."

William Cowper

"A preguiça avança tão devagar que a pobreza não demora a alcançá-la."

Benjamin Franklin

"Satanás acaba encontrando alguma coisa maléfica para as mãos ociosas fazerem."

Isaac Watts

"Nada fazer é a coisa mais difícil do mundo."

Oscar Wilde

"O ócio é apenas o refúgio das mentes fracas, o feriado dos insensatos."

Lord Chesterfield

"Quando ainda estávamos com vocês, nós ordenamos isso: Se alguém não quiser trabalhar, também não coma."

Apóstolo Paulo (2 Tessalonicenses 3:10)

Na última frase descrita, vemos que o apóstolo Paulo não diz *"se alguém não puder trabalhar"*, mas *"se alguém não quiser trabalhar*". A pessoa que não trabalha por comodismo passa a depender de outro. Este tem que se esforçar dobrado para sustentar aquele que pode trabalhar, mas não quer. R.N. Champlin (2014) define tais indivíduos como "parasitas que pensam que outros precisam sustentá-los".

> **Há muitas situações que levam pessoas a serem dependentes de outras. Em alguns casos, isso se deve a doenças físicas e psicológicas. Também podem ser citados vícios que as prendem,**

...mas não é do que estou falando. Certa vez, eu e minha esposa começamos a auxiliar em uma Igreja que trabalhava com ajuda às pessoas pobres e viciadas em álcool e drogas. Na verdade, 90% delas eram usuárias de algum tipo de droga, o que as tornava inválidas para o trabalho.

No início, fiquei incomodado em ver tantos jovens, aparentemente saudáveis, recebendo ajuda. Em um primeiro momento, me senti um idiota por ajudar pessoas que não faziam nada porque preferiam o mundo do vício. Elas poderiam contribuir com a sociedade em muitas áreas e estavam ali sendo ajudadas. Poderiam ser um verdadeiro exército, trabalhando em muitas atividades, porém, eram sustentadas por quem se dispunha a tal atendimento.

Pensei em não participar mais. Entretanto, quando vi a atitude daqueles que estavam ali para servir, que faziam o serviço há anos e apenas porque o amor de Deus os movia, fiquei balançado em meus conceitos de vida cristã. Nossos ensinamentos apontam para a atitude e a disposição que é o "Ide", além do verdadeiro sentido da palavra "servir", a qual Cristo nos ensinou na prática.

Então, procurei conhecer a história de algumas daquelas pessoas. Entendi que não era questão de preguiça. Havia muitos relatos de dor, abandono e traumas que as envolvia e tirava delas qualquer expectativa de vida melhor. Era como se tivessem sido jogadas e largadas às margens da sociedade. Ao me questionar sobre tudo isso, percebi que era eu que estava buscando um meio de "me safar", querendo caminhos menos trabalhosos de participar da missão de Deus.

O fato não era ir até aquele lugar e servir as pessoas. Às vezes, isso era o mais fácil. Porém, compreendê-las, amá-las e buscar meios de recuperá-las era um desafio a ser enfrentado. Eu admirava ver o trabalho dos envolvidos em tal iniciativa, pois estavam ali há muitos anos, testemunhando que vale a pena o esforço. Inúmeros relatos de recuperação e superação estavam registrados na história daquela comunidade.

> **O empenho e o esforço de pessoas sem preguiça, sem comodismo fez as coisas acontecerem e outras pessoas puderam ter esperança.**

Se aquela equipe não fosse diligente, jamais alcançaria os resultados que têm alcançado. Um preguiçoso ali poderia atrapalhar e atrasar todo o processo. Talvez até chegasse ao seu objetivo, mas não com o mesmo êxito.

*Como o vinagre para os dentes e a
fumaça para os olhos, assim é o preguiçoso
para aqueles que o enviam.*

Provérbios 10:26

Em seu comentário, F.F. Bruce diz que o preguiçoso
é tão irritante e inútil para os outros como é um peso para si
mesmo. Ele é desajeitado, sempre procurando desculpas. É
indiferente e à toa, o oposto de tudo o que Provérbios ensina
sobre alguém que progride na vida de forma propositada.

*O preguiçoso não aproveita a sua
caça, mas o diligente dá valor a seus bens.*

Provérbios 12:27

A satisfação é uma dádiva para aqueles que se esforçam. O diligente traça o seu caminho e vai em busca dos seus
objetivos. Ele não conta com a sorte nem espera que alguém
venha conceder-lhe os desejos. Sua vida é um constante campo
de batalha para alcançar metas. Quando não consegue o que
pretende nas primeiras tentativas, se refaz, busca novas es-
tratégias e segue até conquistar o que propôs no seu coração.

*O preguiçoso deseja e nada consegue,
mas os desejos do diligente são amplamente
satisfeitos.*

Provérbios 13:4

Muitas pessoas não têm ânimo de fazer o que as Escrituras orientam. Orar, ler a Bíblia, ler livros que edificam e que inspiram têm sido, muitas vezes, uma guerra difícil. Não ter vigor e coragem de fazer essas coisas pode ser, de certa forma, comum, levando-se em conta o nosso corpo caído no pecado, o que nos faz travar uma luta diária e constante contra a carne.

Sobre isso, veja as palavras do apóstolo Paulo: *"Porquanto, a carne luta contra o Espírito e o Espírito contra a carne. Eles se opõem um ao outro, de modo que não conseguis fazer o que quereis"* (Gálatas 5:17). Assim, esperar ter vontade nesses casos é esperar em vão. Levante-se! Faça acontecer! Lute!

Passamos horas na internet, segurando um celular apenas deslizando o dedo na tela ou assistindo séries e mais séries na Netflix e canais similares.

> **Empenhamos muito tempo do nosso dia nas redes sociais, sem que nada de fato importante se acrescente na nossa vida. Tudo isso apenas por prazer vão e passageiro.**

A carne empurra para o marasmo, para a comodidade. O esforço que se empenha para essas coisas é zero!

As mãos diligentes governarão, mas os preguiçosos acabarão escravos.

Provérbios 12:24

Embora em Provérbios e Eclesiastes tenhamos citações sobre os efeitos devastadores provocados pela preguiça, há outros textos bíblicos que narram histórias opostas. Eles mostram o êxito da coragem, da perseverança, da iniciativa, do bom ânimo de pessoas que fizeram as coisas acontecerem à sua volta. Um exemplo são os relatos que os Evangelhos nos trazem através do ministério do Senhor Jesus, nosso maior referencial de atitude, empenho, insistência, constância, paciência e autocontrole.

Há também personagens como Paulo, João, Pedro, Barnabé, Tiago, relatados no Novo Testamento. E outros bons exemplos no Antigo Testamento, como Abraão, Jacó, Moisés, Josué, Jeremias e tantos mais que nos influenciam a erguer a "bandeira da conquista". Precisamos agir, pois existem trabalhos a serem feitos, além de coisas e situações a serem reparadas. E essa é uma missão que deve ter início já.

Comece fazendo um acordo de compromisso consigo. Perceba o tamanho das suas responsabilidades e entenda que você precisa permanecer focado, seguindo em frente e fazendo as coisas acontecerem. Nos próximos capítulos, iremos abordar passos que devemos seguir para que vençamos a preguiça ou, dizendo de forma mais leve, a "indisposição de fazer o que tem de ser feito", rompendo em direção ao que a vida e as pessoas esperam de nós.

SAIBA MAIS

DILIGÊNCIA

▶ Do latim "diligentia", que significa "cuidado", "atenção";

▶ De "diligere", indicando "valorizar muito", "gostar", "escolher";

▶ Formado por "dis" ("fora") e "legere" ("escolher", "reunir");

▶ O nome foi dado aos veículos que se dedicavam a transportar os passageiros com atenção especial aos horários e ao conforto.

SIGNIFICADOS DE "DILIGENTE"

1) Que possui ou utiliza diligência, dedicação ou esmero naquilo que realiza;

2) Que é empenhado ou ágil;

3) Que é cuidadoso, atento ou zeloso;

4) Que é rápido, metódico ou pronto.

SINÔNIMOS DE "DILIGENTE"

▶ Cuidadoso, aplicado, atencioso, dedicado, zeloso, prestimoso, solícito;

▶ Esforçado, trabalhador, vigilante, atento, laborioso, industrioso, incansável, perseverante;

▶ Que tem prontidão;

▶ Rápido (diferente de pressa);

▶ Expedito, ágil, pronto, dinâmico, ativo, ligeiro, vivo.

> **"As mãos diligentes governarão,
> mas os preguiçosos acabarão escravos."**
>
> **Provérbios 12:24**

CAPÍTULO 03

CONVERTA-SE DA NEGLIGÊNCIA

O conhecimento que a Bíblia traz é proveitoso para transformar as pessoas. Ele nos leva e nos orienta a ter uma vida de trabalho dentro do nosso chamado na Grande Comissão de Deus.

A disposição, a atitude, a autodisciplina, a perseverança, a determinação e o foco andam no caminho oposto ao da preguiça. Portanto, lembre-se que manifestar essas virtudes requer apenas uma decisão, que ninguém além de você pode tomar. A luta contra a preguiça é uma luta diária travada contra nós mesmos, com a ajuda do Espírito Santo, que nos fortalece. Isso fará toda a diferença nos resultados que teremos no futuro.

Por causa da preguiça, o telhado se enverga; por causa das mãos indolentes, a casa tem goteiras.

Eclesiastes 10:18

Precisamos estar atentos, pois podemos ser trabalhadores esforçados e, ainda assim, negligenciarmos outras áreas da vida.

Quantas vezes você começou algo e não terminou? Há pessoas que dificilmente terminam de ler um livro, param no meio do caminho, se distraem com qualquer coisa. Quando pensam em continuar, se sentem desmotivadas e por ali ficam. Há outras que começam cursos, mas nunca acabam. E há aquelas que sempre esperam o primeiro passo e o incentivo dos outros para o que vão fazer.

É hora de romper de vez com esse mal. Você pode fazer muitas coisas, uma vez que Deus te capacitou com habilidades incríveis. Use-as! Essa orientação é necessária porque realmente há pessoas muito trabalhadoras, quase "ícones do trabalho" e que, no entanto, ficaram paralisadas em outras áreas. Existe gente que trabalha ao extremo, mas que nunca se esforçou em ler ou escrever, em tirar um tempo com os filhos para dialogar, em ter um lazer ou em dar atenção ao cônjuge, aos pais e aos familiares.

E, não poderia deixar de ser citado, há outras pessoas que, apesar de serem trabalhadoras, dificilmente oferecem ajuda para organizar sua própria casa, ajustar as coisas que estão fora do lugar. Lembre-se:*"Tudo que o homem plantar, isso também ceifará"* (Gálatas 6:7). *Se não consertar aquele fio elétrico desencapado, alguém se acidentará e pode ser você mesmo. Tudo tem suas consequências, sejam elas boas ou ruins. A conta sempre chega.*

> ***Passei pelo campo do preguiçoso, pela vinha do homem sem juízo; havia espinheiros por toda a parte, o chão estava coberto de ervas daninhas e o muro de pedra estava em ruínas. Observei aquilo e fiquei pensando; olhei e aprendi esta lição: Vou dormir um pouco, você diz. Vou cochilar um momento; vou cruzar os braços e descansar mais um pouco, mas a pobreza lhe sobrevirá como um assaltante e a sua miséria como um homem armado.***
>
> ***Provérbios 24:30-34***

Na visão humana, o futuro não existe ainda e, por não existir, não sabemos como será nossa vida, como será o mundo à nossa volta daqui um, cinco ou dez anos. Não sabemos se a economia irá melhorar ou piorar, se o presidente irá atender as expectativas da nação ou não. Porém, o que nos cabe é mudar o nosso presente começando agora, fazendo mudanças, tomando atitudes.

> **Muitas transformações começam com coisas pequenas, mudando pequenos hábitos errados e substituindo crenças e paradigmas**

…que nos limitam, como: *"Porque eu sou pobre, jamais vou conseguir ir muito longe"*; *"Isso vem de família, a vida é difícil"*; *"Não terei oportunidades"*; *"Será que nasci para isso?"*; *"Tem muita gente assim. Estou na média"*; *"Com certeza, outros já pensaram nisso"*; *"O sistema é complicado e é por isso que as coisas são dessa forma"*; e por aí vai.

São esses pensamentos limitantes que nos impedem de prosperar em todos os sentidos. Somente rompendo com antigos paradigmas que nos travam e aprendendo a ver a vida de maneira mais corajosa, com um olhar ousado para o mundo, é que teremos uma nova perspectiva e uma nova realidade.

O tempo passa muito rápido. É com um pouco de tempo aqui, outro ali que se procrastina coisas ou que se perde oportunidades. Para o acomodado, isso certamente será desastroso, pois terá de empenhar três vezes mais de força e tempo, além de precisar da ajuda de outros para fazer o que deveria ser feito antes. Há uma frase muito pertinente nesse ponto: *"Qualquer empreendimento que vale a pena envolve risco e sempre existe a possibilidade de fracassar"*[1]. Portanto, se renove!

> *O preguiçoso morre de tanto desejar*
> *e de nunca pôr as mãos no trabalho. O dia*
> *inteiro ele deseja mais e mais, enquanto o*
> *justo reparte sem cessar.*
>
> *Provérbios 21:25 e 26*

Aliás, há uma diferença entre a realização e o fracasso. A primeira é o resultado do esforço e da perseverança aplicados em algo que traz satisfação, enquanto o segundo é o prêmio daqueles que apenas desejam e nada fazem.

Se você não mudar, o máximo que poderá ter é uma vida medíocre, cheia de problemas resultantes da falta de iniciativa. As consequências, nesse caso, tendem a ser desastrosas. Temos que primeiramente entender o sentido da palavra "realização", que é muito ampla e não significa apenas ter bens materiais. Até porque muitas pessoas com dinheiro e posses não conseguiram êxito em tantas outras áreas.

1   BÍBLIA. Português. A bíblia da mulher. Barueri: Sociedade Bíblica do Brasil. Comentários, p.912.

Realização é tornar algo real, é trazer algo à existência através de um esforço. Se você quer ter êxito e bom resultado, deve parar esta leitura aqui por uns instantes e decidir se posicionar contra a vontade de não lutar.

> *O preguiçoso diz: Lá está um leão no caminho, um leão feroz rugindo nas ruas! Como a porta gira em suas dobradiças, assim o preguiçoso se revira em sua cama. O preguiçoso coloca a mão no prato, mas acha difícil demais levá-la de volta à sua boca. O preguiçoso considera-se mais sábio do que sete homens com bom senso.*
>
> *Provérbios 26:13-16*

Quem não é dado ao esforço sempre tem desculpas para tudo! E as desculpas mais estranhas e exageradas. A preguiça é causadora de grandes ruínas, daí a necessidade de uma operação de guerra para deixar isso fora do nosso caminho. Perder tempo e energia inventando justificativas não mudará o fato de que coisas importantes precisavam ser feitas e não foram. É necessária uma mudança de atitude perante a vida.

CAPÍTULO 04

SINTA-SE INCOMODADO E TOME UMA ATITUDE

O Antigo Testamento cita uma cidade chamada Laís (Juízes 18:27 e 28), que tinha um povo pacífico e calmo e que foi completamente tomada pelo inimigo. Mas por quê? Aparentemente o "viver em paz" está relacionado com o comodismo e a preguiça, que nos deixam estáticos, parados, sem percepção das coisas, conformados, cegos. Entendemos que o texto de Juízes tem um sentido mais amplo e vai muito além do que será aqui mencionado, mas será usado para ilustrar os resultados de uma cultura que limitava as pessoas.

> **Ser calmo e pacífico não significa estar despreparado para as coisas que andam acontecendo ao redor, até porque a própria Bíblia ensina que não devemos ser assim, imprudentes.**

Aquela cidade não oferecia nenhuma resistência a ninguém. Apesar de ser afastada das outras, onde estavam as sentinelas? Onde estavam os soldados posicionados, prontos a defender o povo das ameaças? Por que aquele povoado não dispunha de um serviço de inteligência bélica, já que estava distante de outros locais?

Quando meditamos nessas questões, nos vem a conclusão de que aquele lugar era uma grande zona de conforto. As pessoas eram desmazeladas quanto ao senso de responsabilidade que precisavam ter, até em proteção ao número de famílias que ali viviam em comunidade. A liderança estava "tranquila", vivendo em "paz", sem preocupação. Era como o "deixa a vida me levar", da música. Tudo isso fez o povo perecer como presa fácil.

O relato nos ensina que se não tivemos um olhar atento às coisas que estão ao nosso redor, poderemos ser surpreendidos, mais cedo ou mais tarde, com situações desagradáveis. A diligência, a prudência e a experiência requerem de nós conhecimento, trabalho, esforço e percepção para avaliar tudo à nossa volta. Isso é necessário para nos tornar capazes de enfrentar e superar ocasiões assim. Será que estamos também negligenciando áreas de nossa vida em relação às quais deveríamos estar atuando mais, nos esforçando mais?

> **Estamos vivenciando uma mudança radical na nossa sociedade e muitas delas acontecem de forma rápida, causando um impacto na vida das pessoas, afetando famílias inteiras e contagiando toda uma geração.**

Hoje, trocamos momentos familiares por horas na frente da televisão, assistindo coisas que não nos trazem proveito algum. Enquanto isso, os filhos estão em outro quarto, na frente do computador, usando o smartphone ou jogando no videogame.

Horas, semanas, dias, meses e até anos se passam nessa dinâmica. Quando a "ficha cai" e paramos para refletir, percebemos que muitas oportunidades foram perdidas e muitos momentos felizes deixaram de ser vividos. Romanos 12:2 faz um alerta: *"Não vos conformeis com este mundo"*. Deus ali nos dá o mandamento categórico de nos posicionarmos para não sermos tragados pelo comodismo.

Houve momentos em que não deveríamos estar parados, mas estávamos. Não deveríamos ter ido descansar, mas fomos. Não deveríamos perder o foco, mas nos distraímos. Muitas oportunidades passaram por nós e as perdemos. Deveríamos ter discernido o tempo e o modo, mas a falta de diligência impediu.

Há coisas guardadas em nosso coração que apenas nós sabemos. Exemplos disso são situações que geram o arrependimento de saber que a vida hoje poderia ser melhor se não fosse a chance perdida, porque não se foi aonde deveria ter ido. Ou não se chegou a tempo quando poderia ter se esforçado para tanto. Não se preparou da forma correta e, tendo a oportunidade de fazer certo, fez errado. Tudo isso por preguiça, comodismo.

Costumo usar a comparação de que a preguiça chega de mansinho, nos envolvendo como em um relacionamento onde as pessoas, após se renderem, passam a ser dominados por ele. A situação começa com pequenas procrastinações e vai em frente, até que, quando percebemos, já estamos no comodismo que nos paralisa. Nesse ponto, a criatividade é bloqueada e a vontade de sonhar e o desejo de alcançar coisas grandes cessam. Eis, então, um verdadeiro preguiçoso!

> **Apenas você pode declarar guerra e romper de vez com o relacionamento com a preguiça.**

A verdade é que a displicência impede que as pessoas alcancem objetivos e sonhos ou consigam se superar. Assim, elas deixam de viver o melhor da vida, de mostrar seu potencial.

Por outro lado, pessoas displicentes também possuem uma criatividade incrível para explicar o que não têm feito, o que foi perdido, o que foi procrastinado. Há uma habilidade imensa para dar desculpas, para se livrar das responsabilidades. Muitas estão vivendo de uma "mãozinha" dada pela justificativa da falta de atitude.

> *As mãos preguiçosas empobrecem o homem, porém, as mãos diligentes lhes trazem riqueza. Aquele que faz a colheita no verão é filho sensato, mas aquele que dorme durante a ceifa é filho que causa vergonha.*
>
> *Provérbios 10:4 e 5*

Sentir-se incomodado com os resultados fracos, com a mesmice rotineira, que não traz alteração alguma na vida, com as reclamações das pessoas e com a falta de empenho nas atividades e compromissos é o primeiro passo para essa reforma pessoal. Uma vez compreendido isso, tome uma atitude e urgente! Não deixe para depois, mas tenha uma ação imediata para mudar o quadro de displicência.

Atitude ou intencionalidade é a capacidade através da qual tomamos posição frente ao que nos incomoda. Diante de um fato, uma circunstância ou uma situação que nos limitaria, podemos desejá-lo ou rejeitá-lo. Ante um pensamento igualmente limitante, podemos afirmá-lo ou negá-lo. O que estamos dizendo é que, para cortar o crescimento da indisciplina, da negligência ou da displicência, é preciso que nós mesmos usemos os instrumentos de corte.

> **A vontade, muitas vezes, pode surgir como uma bússola, indicando a direção a ser seguida. Apesar de mostrar um caminho, não quer dizer que essa direção esteja apontando para o lugar certo.**

Por isso, ao sentir a ansiedade de fazer alguma coisa, devemos primeiramente analisar bem e refletir o quanto de energia, tempo e pensamentos serão investidos nesse desejo.

Todas as pessoas têm vontade de melhorar nas mais diversas áreas, afetiva, emocional, econômica, espiritual, familiar, física. Esse interesse é saudável e nos leva a buscar meios para conseguir alcançá-lo. Assim, são tomadas horas de nossa vida, pois passamos a pensar em coisas que poderiam ser feitas para atingir o alvo. Na hora que surgir tal desejo, devemos parar e analisar os caminhos a serem seguidos, sempre nos lembrando que precisamos dar o primeiro passo.

A Bíblia nos relata a história de Neemias, quando este soube da situação dos judeus que permaneceram em Jerusalém depois da invasão babilônica. Seu povo vivia em grande miséria e desprezo. Ele teve vontade de fazer algo para mudar a situação de seus irmãos.

> *Veio Hanani, um de meus irmãos, ele e alguns de Judá; e perguntei-lhes pelos judeus que escaparam e que restaram do cativeiro, e acerca de Jerusalém. E disseram-me: Os restantes, que ficaram do cativeiro, lá na província, estão em grande miséria e desprezo; e o muro de Jerusalém fendido e as suas portas queimadas a fogo. E sucedeu que, ouvindo eu estas palavras, assentei-me e chorei, e lamentei por alguns dias; e estive jejuando e orando perante o Deus dos céus.*
>
> *Neemias 1:2-4*

Quando Neemias ouviu os relatos sobre seus conterrâneos, o sentimento apontou a direção. Ele percebeu que deveria fazer algo para mudar aquele quadro. A vontade o levou a fazer algo. A seguir, buscou a orientação de Deus, a fim de confirmar que seus desejos estivessem alinhados com os planos do Senhor. Essa história nos mostra que um anseio em nosso coração desperta força para agir. Assim, damos o segundo passo, que é a iniciativa, tema que abordaremos no próximo capítulo.

> *Observe a formiga, preguiçoso. Reflita nos caminhos dela e seja sábio! Ela não tem nem chefe, nem supervisor, nem governante e, ainda assim, armazena as provisões no verão e na época da colheita ajunta o seu alimento.*
>
> *Provérbios 6:6-8*

CAPÍTULO 05

ESFORCE-SE PARA FAZER O QUE PRECISA SER FEITO

(TENHA INICIATIVA)

> *Mas, chegando também o que re-*
> *cebera um talento, disse: Senhor, eu sabia*
> *que és um homem duro, que ceifas onde não*
> *semeaste e ajuntas onde não espalhaste e,*
> *atemorizado, escondi na terra o teu talento.*
> *Aqui tens o que é teu.*
>
> *Mateus 25:24 e 25*

Esse texto é um bom exemplo que a Bíblia nos dá a respeito da recompensa do preguiçoso. O homem sem iniciativa de fazer multiplicar o talento recebido foi duramente repreendido pelo senhor que veio cobrá-lo. O resultado daquele comodismo foi que ele deixou passar a chance de mudar de vida, de ser bem-sucedido, pelo simples fato de não fazer o que deveria ser feito. Tudo o que precisava era multiplicar o talento que tinha sido colocado em suas mãos.

No nosso dia a dia, também temos muitas oportunidades em todos os lugares, no trabalho, em casa, na comunidade da qual fazemos parte. Precisamos somente perceber as coisas e fazê-las melhor. Quando damos o melhor de nós, indo até o final no que deve ser feito, não deixando nada para depois, tendo iniciativa, as pessoas à nossa volta nos observam. Sempre somos avaliados no que fazemos. Por isso, ao fazer algo, dê o seu melhor!

> **Podemos comparar a vida humana com uma construção ao longo do tempo. É uma construção de relacionamentos, família, afetos, área profissional, etc.**

Jesus citou em uma parábola (Mateus 7:24-27) que a casa construída na rocha demandava tempo, esforço, planejamento, conhecimento, enquanto a que era feita na areia, apesar de pedir certas habilidades de construção, ignorava a segurança e os riscos, e não demorava muito tempo para ficar pronta. Ou seja, a segunda era mais fácil, porém, trazia o perigo de que aquilo, mais cedo ou mais tarde, não resistiria. A vida do preguiçoso custa caro!

> *As mãos preguiçosas empobrecem o homem, porém, as mãos diligentes lhes trazem riqueza. Aquele que faz a colheita no verão é filho sensato, mas aquele que dorme durante a ceifa é filho que causa vergonha.*
>
> *Provérbios 10:4 e 5*

A cultura de um povo pode influenciar muito na posição de comodismo. Pense em quando você entra em uma loja e é atendido por um vendedor empolgado, que irradia no rosto a expectativa de que fará um bom negócio. Ele não se preocupa com sua aparência, te atende bem e, ao final, você ainda diz que não vai comprar nada. Imagine-o com a mesma atenção, dizendo: *"Volte sempre"* ou *"Seja sempre bem-vindo"*. Esse vendedor não apenas conquistou um cliente, mas terá uma pessoa que guardará uma boa impressão para sempre. Esse homem foi avaliado e aprovado naquilo que era sua missão.

Agora vamos a outro exemplo, de quando você chega em uma loja e ninguém vem para atender. Então, ao se dirigir a um vendedor, este responde apenas o que lhe é perguntado, com um semblante para baixo e sem expectativa de que conquistar um novo cliente. Ele não empolga ninguém, sua imagem como funcionário é negativa e a empresa só perde com alguém assim. Além de tudo isso, seu sucesso está comprometido.

> **É difícil saber quando uma boa e grande oportunidade pode aparecer. E por isso é que devemos estar sempre prontos, vigilantes, como um soldado sentinela, atento a tudo à nossa volta.**

Para tanto, é necessário vencer o comodismo que nos deixa sonolentos e nos impede a identificação de onde precisamos melhorar. A preguiça que nos prende na zona de conforto só colabora para a destruição de nossa imagem, sucesso e futuro.

O caminho do preguiçoso é cheio de espinhos, mas o caminho do justo é uma estrada plana.

Provérbios 15:19

Muitas pessoas lamentam seus insucessos e prejuízos, mas, se formos à raiz do problema, descobriremos que houve ali um "ninho" onde a preguiça se instalou. E, somado a outros fatores, virou um transtorno maior. Um exemplo disso é um homem acostumado a deixar as coisas para depois. Suponhamos que ele precisasse, já há algum tempo, resolver uma questão no documento de seu imóvel, para que este ficasse sem impedimento na escritura. O detalhe é que essa pessoa estava diante de uma grande oportunidade e, através da venda de sua propriedade, mudaria a vida completamente.

Pois bem. A lei imobiliária mudou alguns meses antes do negócio e, para se resolver a situação na documentação do imóvel, seriam necessários dois anos e algumas assinaturas. Antes da nova legislação, o procedimento era apenas pagar uma pequena taxa e estaria tudo liberado, mas aquele homem procrastinou. Por falta de ânimo, chegou ao problema e, para resolvê-lo, passou a precisar de muito mais empenho, correndo o risco de perder uma bela possibilidade de venda.

Além dos casos já citados, há pessoas que estão cansadas de lutar e lutar e não ver o resultado de seus esforços. Isso lhes deixa frustradas e sem esperança de que a vida possa melhorar. Por essa causa, elas correm o risco de entrar em um estado perigoso de inércia, o que pode detê-las de lutar pelos seus sonhos e objetivos, pensando que o que fizerem não dará em nada.

Lembre-se do texto bíblico que lemos no início deste capítulo. Naquela história, uma parábola, lemos o relato de um senhor que exaltava os servos que haviam multiplicado seus talentos, dizendo: *"E o seu senhor lhe disse: Bem está, servo bom e fiel. Sobre o pouco foste fiel, sobre muito te colocarei; entra no gozo do teu senhor"* (Mateus 25:21).

Nunca devemos desprezar as pequenas coisas, os pequenos começos, pois o momento da oportunidade chegará e você verá o resultado que a persistência traz.

Podemos comparar esse posicionamento firme com um agricultor que semeia as pequenas sementes e investe nelas, cuidando, protegendo e esperando o tempo certo da ceifa, de onde verá, enfim, árvores frondosas e frutíferas, e se alegrará.

> *Observe a formiga, preguiçoso. Reflita nos caminhos dela e seja sábio! Ela não tem nem chefe, nem supervisor, nem governante e, ainda assim, armazena as provisões no verão e na época da colheita ajunta o seu alimento.*
>
> *Provérbios 6:6-8*

A iniciativa é uma coluna de grande importância na sustentação de nossa vida. Um indivíduo com iniciativa não fica parado, esperando tudo acontecer. Ele simplesmente faz acontecer, tirando as ideias do papel e passando para a realidade. O exemplo da formiga na perspectiva de lutar contra a preguiça é muito interessante, pois mostra não apenas a importância uma sociedade organizada, onde o grupo faz seu trabalho, como também o posicionamento individual, onde cada uma faz o que tem de ser feito.

Deus quer que sejamos diligentes. As pessoas do nosso trabalho esperam que sejamos assim. Os professores têm expectativa de que seus alunos ajam dessa forma! O mundo busca por pessoas com iniciativa. As grandes empresas estão à procura de homens e mulheres que simplesmente não esperam pelos outros ou pelo acaso para que as coisas caminhem ou deem certo.

Deus nos criou à sua imagem e semelhança, e uma das coisas que mais me chama a atenção é que Ele é diligente, organizado, preciso e espera que tomemos posse dessas qualidades. O Senhor teve a iniciativa de criar todas as coisas e nos fazer semelhantes a Ele. Teve a inciativa de dar uma companheira para que o homem não vivesse só. Teve a iniciativa de prover a Adão e Eva todas as suas necessidades e, até mesmo quando estes pecaram e se achavam nus, proveu as vestes para sua nudez.

O mesmo Deus teve a iniciativa de preservar a espécie humana do dilúvio, dando o projeto de uma arca a Noé, para sua salvação e de sua família. O Senhor se determinou também a escolher um homem e chamá-lo do meio de sua parentela, orientando-o a sair dali para fazer-lhe pai de uma grande nação. Depois de muito tempo, essa nação se tornou numerosa, mas foi subjugada no Egito, sofrendo escravidão. Mais uma vez, o Senhor teve a prontidão de libertar o povo e transportá-lo para uma terra que Ele preparou.

Acima de tudo, Deus teve a iniciativa de dar seu único Filho para nascer como homem, viver aqui, ser maltratado por aqueles a quem veio salvar. O Filho, diga-se de passagem, teve a postura de permanecer firme no seu propósito, não desistindo, apesar da dor e do sofrimento. E tudo isso por amor a nós. Esse homem, Jesus Cristo, nosso Senhor e Salvador, foi diligente em sua missão até o fim. Aliás, diligência é uma palavra sinônima de iniciativa. E a Bíblia nos dá uma referência incrível para quem tem essa qualidade:

> *Viste o homem diligente na sua obra? Perante reis será posto; não permanecerá entre os de posição inferior.*
>
> *Provérbios 22:29*

Esse texto mostra o resultado na vida de uma pessoa dedicada, ou seja, que tem determinação. Ela será alguém de sucesso e não ficará junto aos que tem posição inferior. Na verdade, não há lugar para o diligente ali ou, melhor dizendo, "os que estão na posição inferior" não o deixariam ficar com eles muito tempo. Uma pessoa que age com diligência está sempre motivada, é otimista e positiva, além de não se abalar por qualquer coisa.

Há também as pessoas que sempre param na metade do caminho ou pior, que desistem já no início.

> **A Bíblia menciona que "aquele que perseverar até o fim será salvo". A perseverança é o caminho dos que não desistem, dos que são constantes no que se propuseram a fazer.**

Em cada obstáculo, estes veem a oportunidade para um novo aprendizado. Um dos segredos da perseverança é não desanimar por causa dos problemas ou do pessimismo.

Paulo escreveu: *"Avançando para as coisas que estão diante de mim, prossigo para o alvo, pelo prêmio da soberana vocação de Deus em Cristo Jesus"* (Filipenses 3:13 e 14). Segundo o próprio apóstolo, o seu objetivo ainda não havia sido totalmente alcançado. Ainda assim, mesmo em meio a tantas lutas, ele também não estava disposto a desistir de sua missão.

Como foi citado em outro momento, muitas vezes, pequenas mudanças de hábito podem resultar em grandes conquistas. Precisamos procurar conhecimento para isso, quem sabe até buscar ajuda profissional e outros meios para descobrir novos caminhos que nos levem a conquistar nossos objetivos. Alguém, certa vez, disse que *"o cúmulo da insanidade é fazer a mesma coisa sempre e esperar resultados diferentes"*.

Eu me lembro de presenciar uma mãe que procurou ajuda de um profissional para o seu filho, que tinha dificuldades com os estudos. Após a investigação, o especialista chegou à conclusão de que aquela mulher vinha trabalhando com a criança da forma errada. Aquilo durava anos e os métodos usados, mesmo não dando resultados, nunca mudavam.

Nesse caso, não era a criança que mais precisava de ajuda. Após longas conversas com o profissional sobre a forma correta de agir com o filho, aquela mãe aplicou todas as novas técnicas que aprendeu. A criança mudou completamente e alcançou notas excepcionais. Mais à frente, inclusive, recebeu o título de "aluno do mês" várias vezes, algo que até então não ocorria.

Outro exemplo é o de um jovem que queria muito ser músico que tocasse bem contrabaixo. Mas ele não se dedicava em fazer exercícios para desenvolver a técnica. Sempre se via frustrado ao tocar com outras pessoas, pois percebia que estava aquém. O rapaz não entendia que não precisava de mais talentos, precisava de diligência para crescer no que já tinha. Necessitava de dedicação! Repita uma, duas, cinco, dez, 50, 100 vezes, mas dedique-se e faça acontecer. Tudo o que queremos bem feito demanda tempo e esforço.

Não ame o sono, senão você acabará ficando pobre; fique esperto e terá alimento de sobra.

Provérbios 20:13

> **Não espere pelos outros quando você pode ser o fator diferencial para mudar uma situação.**

A história de Noé, descrita em Gênesis, dos capítulos 6 ao 9, muito inspira quem deseja estímulo para começar uma mudança. Ele simplesmente começou o seu projeto, deu o primeiro passo, ou melhor, teve a iniciativa de fazer prontamente o que lhe foi confiado. E isso salvou sua vida e de seus familiares, lhes garantindo segurança no momento de tribulação.

Existem pessoas com uma dificuldade imensa de cumprir horários. Elas sabem que isso as prejudica, mas não se esforçam o suficiente para mudar. Outras fazem o trabalho sempre da mesma forma e, ainda assim, esperam atingir metas maiores. Mesmo que haja esforço, se algumas coisas não mudarem, dificilmente virá o sucesso. Atrasos constantes, falta de compromisso, excesso de desculpas são características do negligente. Já foi dito que o preguiçoso tem a incrível habilidade de se justificar em suas irresponsabilidades.

Devemos querer mudar, ter atitude, fazer acontecer e nos levantar do comodismo. Mesmo que seja duro e difícil, precisamos respirar fundo e ir à luta todos os dias. Não deixe nada para depois, para amanhã, para o início do ano ou para segunda-feira. Decida mudar agora! Como disse um pastor: *"Mudança só é mudança quando se tem o resultado esperado"*.

> **Uma das ferramentas que pode nos ajudar e realmente têm ajudado muitas pessoas, principalmente eu, é estabelecer uma lista diária de atividades e compromissos.**

É preciso ter em mente que as programações marcadas não podem ser adiadas - trata-se de um comprometimento de fidelidade com elas. Mesmo que no início falhemos um pouco em cumprir alguns itens, na medida que praticamos, começamos a moldar em nós a autodisciplina. Vejamos um exemplo de como comecei a me organizar através de em uma lista de tarefas:

LISTA DE TAREFAS

1) Devocional - Tirar uns instantes para o tempo a sós com Deus logo ao despertar;

2) Elogiar alguém: a esposa, os filhos, a mãe, o pai, os irmãos, os amigos;

3) Ler um bom livro além da Bíblia, fazendo a leitura de pelo menos um capítulo diariamente;

4) Resolver o que precisa ser resolvido no dia de hoje;

5) Fazer alguma atividade física;

6) Verificar a alimentação;

7) Dedicar tempo para um curso, como, por exemplo, línguas ou computação;

8) Aprender a tocar um instrumento;

9) Se for fazer um trabalho escolar, tem de ser o melhor, começando com antecedência;

10) Sentar-se à mesa com a família para fazer as refeições, conversar e compartilhar as experiências do dia a dia;

Orar com a família. Orar mais. Orar sem cessar!

CAPÍTULO 06

FAVOREÇA-SE COM O TEMPO

Na medida em que o tempo vai passando, fica mais difícil eliminar certos hábitos da nossa vida. Precisamos ter cuidado para não envelhecer tendo conosco maus costumes! Lá na frente, poderemos sofrer um grande conflito, quando for feita a contabilidade e descobrirmos que o tempo passou e muitas chances foram perdidas, muitas coisas boas deixaram de ser vividas.

Lembro-me de certo homem que passou pela minha infância. A principal imagem que tenho dele era que chegava do trabalho todos os dias e ia para o bar beber com os amigos. Ele tinha uma esposa, dois filhos e uma filha, que ficavam brincando na rua comigo - o bom de ser criança é que sempre achamos um lugar para brincar sem a preocupação dos problemas. Dia vai, dia vem, aquela era a rotina.

Na verdade, a rotina durou anos, até que, já velho, o homem olhou algumas fotografias antigas de suas crianças e se deu conta de que o tempo havia passado. Os filhos, agora grandes, moravam em outro estado, cada um com sua respectiva família. Entre uma foto e outra, ele se perguntava: *"Onde eu estava quando minha filha tirou esta foto, no primeiro dia de escola?".* Pegava, então, outra fotografia e se lamentava porque não se lembrava da formatura dos filhos.

Apesar de aparecer em algumas fotos, na maioria delas, ele estava bêbado. Sequer lembrava daqueles momentos! O tempo passou para aquele pai, assim como passa para todos nós. O que precisamos ter claro é que não podemos perdê-lo ou desperdiçá-lo. Temos que usar o tempo de tal forma que cada registro seja uma grande história, uma grande aventura, que inspire tantos outros à nossa volta. Podemos começar agora, entende? Encare esse desafio.

PERCEBA-SE

O preguiçoso tem medo de enfrentar desafios, de estabelecer metas e de pensar. O único remédio eficaz é começar agora! Não deixe para o próximo dia, surpreenda a si. Se você está lendo ou ouvindo isto de alguém, é sinal de que ainda há tempo para mudar. Mesmo que haja limitações, temos tempo para realizar muito se começarmos agora, no dia que se chama hoje. Não perca mais tempo, faça acontecer!

Quando começamos a organizar o tempo, nosso dia fica cada vez mais fácil. Assim, conseguimos paralisar as forças contrárias do desânimo, desencorajamento, baixa autoestima e falta de autoconfiança. Um passo de cada vez nos fortalece a resistir ao que vem para nos bloquear. Aliás, para a maioria das pessoas, ter muita coisa para fazer ao mesmo tempo pode ser complicado, pois elas não sabem por onde começar.

Acumular tarefas funciona como uma pilha de entulhos, que precisa ser removida, mas, com o acúmulo diário, há um desânimo para a organização. Evitando lidar com aquilo, a pessoa deixa como está, porém, lá na frente, gastará mais força, tempo, ajuda e até dinheiro para corrigir o que poderia ser evitado com um pouco de diligência.

Fato é que o futuro não perdoa o preguiçoso. A conta sempre chega!

Existem sequelas na vida desse tipo de pessoa, histórias de insucessos e muito dinheiro gasto pagando juros, por exemplo. Às vezes, ela tinha condições de pagar uma conta, mas adiou o pagamento, deixando gerar taxas e multas. Agora, imagine essa situação acontecendo todo dia, ao longo de muito tempo. O prejuízo passa a ser enorme. E não só na área financeira, mas em todos os segmentos, porque coisas semelhantes se repetem em outras esferas da vida.

Por adiar o acerto de uma conta e ela vencer, de cara você terá que dar seu dinheiro para um bilionário, o dono do banco, aquele sujeito que está passeando pelo mundo, sustentado pelos milhões de reais de pessoas que atrasam seus pagamentos. Essa situação não é pouco frequente. É um cenário de endividamento e certamente provocará mais desânimo.

Quando nos dispusermos a agir da maneira correta, veremos que coisas incríveis irão acontecer e as bênçãos nos alcançarão.

É bom quando partimos para a luta. Isso é gratificante e nos impulsiona a buscar mais, até porque não devemos aceitar nada pela metade ou incompleto.

É preciso seguir em frente até que tenhamos visto o resultado do nosso esforço.

Existe uma história dos sapinhos que é bem pertinente ao assunto agora tratado. Eles foram passear pela floresta e cinco caíram em um buraco. Os que estavam em cima não podiam fazer nada para ajudá-los a sair daquela situação. Depois de muitas tentativas de alcançar o topo, alguns desistiram. Porém, houve um que não desanimou e que continuava persistentemente a pular e pular.

Os que estavam em cima gritavam insistentemente para ele desistir, pois não iria conseguir, afinal nunca ninguém saiu de uma situação assim. Mas havia um detalhe: aquele sapinho era surdo e, de tanto tentar e tentar, conseguiu algo que ninguém tinha conseguido até então. Ele saiu do buraco e, feliz da vida, passou a incentivar os outros, que, depois de muito esforço, também conseguiram.

Assim também é na vida real. Há muitas vozes que precisam ser caladas. Parar de ouvir o que vem trazer desanimo, nos desmotivar, nos desviar dos objetivos e planos será um exercício necessário. Muitas vezes, somos subestimados na nossa capacidade e, quando damos ouvido à desmotivação, dificilmente alcançamos vitória.

Por outro lado, há uma voz que devemos ouvir sempre, a toda hora, a todo segundo, pois as suas palavras nos dão vida. É voz de Deus, que gera em nós o desejo ardente de ir em frente, custe o que custar. O Senhor sempre estará ao nosso lado, não podemos nos esquecer dessa verdade.

Eu me recordo das histórias dos meus pais, da vida dura que tiveram. Para sustentar oito filhos e cuidar para que nenhum se perdesse, eles se valeram desta chave, que é a iniciativa. Certa vez, enquanto preparava uma massa para fazer pão caseiro, minha mãe avaliava o quanto valeu todo o seu esforço de não se entregar a uma vida de miséria.

Ela se lembrava daqueles gritos que diziam "Volta logo, mamãe". E dos rostinhos das crianças que desaparecia na poeira feita pelo pau de arara (ônibus antigo) na estrada de terra rumo a uma vida de incertezas e esperanças, de Pernambuco a São Paulo. O objetivo era mudar a história daquelas crianças que temporariamente eram deixadas para trás.

> **Quando conhecemos a história de sucesso de pessoas que marcaram o mundo, percebemos que há um ponto em comum em todas elas: tiveram que sacrificar algo para conseguir o que desejavam.**

Com muitos de nós, porém, a ficha ainda não caiu. Portanto, para que obtenhamos o sucesso que buscamos, é necessário rever conceitos e ajustar atitudes.

Muitas pessoas têm dificuldade de acordar cedo e, assim, têm perdido oportunidades, se frustrando e entrando em depressão. Outras não conseguem cumprir horários. E há aquelas que não sabem elogiar quem quer que seja, sem contar as que não vivem o que falam. A verdade é que não podemos esperar nada positivo sem provocar mudanças. E somos nós mesmos quem podemos mudar nossos hábitos!

Segundo especialistas da neurolinguística, para a mudança de um hábito, é necessário condicionar nossa mente a fazer aquilo que queremos por 21 dias. Por exemplo, se você quer ter o hábito de despertar mais cedo, acorde antes do horário habitual um dia e repita isso outras 20 vezes. Então, poderá sentir a diferença quando começar a despertar naturalmente antes do que era acostumado.

Na nossa vida, precisamos ter atitudes de guerreiros, de soldados em um campo de batalha, pois os desafios aparecem à nossa frente quando menos esperamos e temos que lutar para vencer. Uma vez, estava em uma academia, ouvindo um colega contar sua história. Eu fiquei muito surpreso pela sua garra, força e disposição de superar desafios. Ele dizia que precisava perder peso e já havia tentado várias vezes. Porém, sempre desistia antes de terminar a primeira semana.

Determinado dia, contudo, acordou e disse: "Estou perdendo a guerra, pois o meu inimigo, o comodismo, está usando a preguiça, a indisposição e a procrastinação contra mim. E eu tenho aceitado até aqui". Então, ao respirar fundo e olhar pela janela, declarando que era o único que poderia mudar aquela história, começou, dia após dia, a se policiar e se motivar. O resultado foi que não apenas perdeu o peso desejado, mas sua saúde melhorou muito.

> **Você já observou a disposição dos atletas? Notou a forma como treinam para uma determinada competição? Eles são focados nos melhores resultados, em vencer, em superar a si.**

Para tanto, há um preço a ser pago, há sacrifícios a serem feitos para que alcancem os objetivos e superarem os seus próprios limites.

Existem também casos de atletas que, no auge da carreira, se desviaram do alvo, se entregando ao vício. Entregaram-se a uma vida desregrada, à falta de disciplina, o que os conduz ao fracasso. Na verdade, o que poderia ser o "se entregar aos vícios, à vida sem disciplina, sem obediência às regras" senão as atitudes, ou melhor, a falta delas, senão a preguiça?

Dizer "não" ao vicio não é fácil, visto que há muitos casos que envolvem tratamento médico radical. Mas onde está o link entre a preguiça e um problema que se tornou uma situação de saúde? Deixe-me contar uma história: eu tinha um amigo bem de idade na cidade de Boston, nos Estados Unidos, que foi surpreendido por uma doença séria nos pulmões. Era um homem alegre, gostava de andar, fazer amigos, cuidar de plantas, porém, tinha um vício no cigarro que era mais forte do que ele.

Diante do problema de saúde, meu amigo foi submetido a uma intervenção cirúrgica muito delicada e o processo de recuperação durou meses. Durante sua recuperação, peguei-o fumando algumas vezes. Em uma delas, questionei se havia sido liberado para tanto e ele me respondeu, com um ar de espertalhão: *"Não deixe meu médico saber!"*. E sorria, como se estivesse conseguindo passar o profissional para trás.

Nesse caso, a situação tem a ver com uma rendição da pessoa em se deleitar para saciar o desejo próprio, sem nenhuma resistência, ainda que a própria vida seja posta em risco. É mais fácil se render aos desejos aparentemente "bons" do que lutar contra eles, o que demandaria uma ação bem esforçada. Quando alguém se rende aos prazeres carnais, à vontade de querer fazer algo, mesmo sabendo que não é bom, simplesmente está dando o controle de sua vida ao comodismo.

Se alguém se submeter aos cuidados médicos para combater certos vícios, precisará ter a disposição de aplicar à sua vida toda a orientação recebida. Terá de lutar para que isso aconteça. O Senhor Jesus diz: "Eu vim para que tenham vida, e a tenham com abundância" (João 10:10).

O desejo de Deus para nós é que tenhamos uma qualidade de vida muito superior do que quando não andávamos com Ele.

> **Uma vida abundante é uma vida de respostas, objetivos, força, coragem, garra, determinação, serviço e muitas outras condições que nos tiram da mesmice, do fracasso, da conformidade com as limitações.**

Jesus no ensinou mostrando como fazer. Ele tinha um objetivo e não abriu disso nem diante da morte. Foi fiel até o fim! Trabalhou muito, andando de cidade em cidade, pregando o Evangelho, curando, salvando, libertando. É no seu exemplo que devemos nos espelhar. Na sua vida, não havia lugar para a preguiça e o comodismo. Por sua diligência, Ele influenciou milhares e milhares, milhões e milhões e até hoje influencia uma multidão ao redor do planeta.

Precisamos ter claro que, ao nos entregarmos ao comodismo, é como se assinássemos uma carta de alienação da própria vida. E isso fatalmente trará consequências sérias, sequelas.

> *As mãos preguiçosas empobrecem o homem, porém, as mãos diligentes lhes trazem riqueza. Aquele que faz a colheita no verão é filho sensato, mas aquele que dorme durante a ceifa é filho que causa vergonha.*
>
> *Provérbios 10:4 e 5*

CAPÍTULO 07

SOMOS FILHOS DE UM TRABALHADOR

Quando Jesus falou *"Meu Pai trabalha até agora e Eu também"*, mostrou que Deus não para e trabalha o tempo todo. Como filhos, conhecendo nossa natureza e nosso DNA espiritual, somos semelhantes. Um dos adjetivos do Senhor que carregamos é que também somos trabalhadores. Não paramos no caminho, terminamos tudo o que começamos e, ao terminar um serviço, entendemos que o nosso descanso não é ficar sem fazer nada, mas é a satisfação de ter concluído um e já estar pronto para começar outro.

O mundo hoje, por ser tão trabalhoso, drena nossas forças. Então, precisamos discernir que ser trabalhador não é simplesmente passar 24 horas do dia em serviço.

> **Um trabalhador completo não deve se esquecer do descanso físico, não pode negligenciar a família e necessita de tempo para orar, meditar na Palavra.**

Na verdade, todas essas coisas requerem trabalho, disposição, atitude e resistência.

Muitos podem até perguntar: *"Mas por que resistência?"*. Deixe-me explicar através de uma pequena história: certa ocasião, estava tudo tranquilo em minha vida, não havia nada que roubasse minha tranquilidade. Mesmo assim, resolvi estabelecer horários definitivos para o meu devocional. O período escolhido era sempre ao fim do dia, quando todos em minha casa dormiam. Havia um silêncio e, então, seria a hora perfeita para que eu pudesse tirar meu tempo a sós com Deus.

Aquilo parecia algo tão simples e fácil de fazer que cheguei a acreditar que aconteceria de forma natural. Pois bem, no primeiro dia, ao me ajoelhar, comecei a sentir sono e ele só ia aumentando, de forma que, quando falei o "amém", me dei conta que já se tinham passado umas duas horas, mas não orando, dormindo. No dia seguinte, dispus-me novamente. Ao ligar meu tablet para ler a Bíblia, apareciam na tela mensagens, updates das redes sociais, coisas que me desviavam a atenção. Quando me dava conta, já havia passado uma hora interagindo.

Resolvi mudar o horário, para a parte da manhã. Foi muito melhor acordar disposto e já dobrar os joelhos, tanto que passei a orar mais. Mesmo assim, confesso que estabelecer essa disciplina não foi fácil. Eu pude ver que precisava ser resistente quanto ao meu propósito e não deixar que nada externo prevalecesse na realização do meu objetivo. Também lutei para não permitir que algo interno atrapalhasse, como a vontade interior de fazer qualquer outra coisa de menor valor do que aquilo que havia programado.

Muitas vezes, nos deparamos com algo aparentemente fácil e simples, mas talvez isso se torne nosso grande desafio. Os maiores inimigos de nossa vida somos nós mesmos. Não damos a importância devida ao que precisa ser priorizado. Não levamos as coisas a sério, e ainda assim, queremos que tudo se resolva da melhor forma possível, como em um passe de mágica dos desenhos da Disney.

> **A preguiça é um mal da natureza caída, pecaminosa. O preguiçoso não adora a Deus, pois a preguiça não deixa.**

Já o nosso esforço para que sejamos produtivos e trabalhadores deve passar primeiro por uma mudança de consciência, para que vejamos o que tem nos atrapalhado até aqui. Deve passar ainda pela reflexão do que necessita ser feito e o quanto estamos dispostos a nos empenhar para que as engrenagens se ajustem e as coisas comecem a acontecer.

Como o vinagre para os dentes e a fumaça para os olhos, assim é o preguiçoso para aqueles que o enviam.

Provérbios 10:26

NÃO PARALISE COM O MEDO

O medo nos paralisa e rouba de nós a vontade de fazer o que deve ser feito para melhorar nossa vida, de nossa família e da comunidade na qual vivemos. Eu ouvi de um amigo, um tempo atrás, a frase: *"O medo é a fé para dar errado"*. Em certo sentido, ele tem razão. Esse sentimento traz muitos atrasos no curso de uma pessoa, pois, quando ela se entrega ao medo, se entrega também ao comodismo.

Quem já não teve medo de tentar, de tomar decisões, de ir à luta, de começar algo novo? Não é incomum nos sentirmos pequenos diante de tantas situações ou imobilizados para ter uma postura mais enérgica diante delas. O medo ocupa espaço em nossa mente, impedindo não só ações, mas novos aprendizados. Por outro lado,

> **A mente confiante está sempre preparada para aprender coisas novas, tomar decisões certas, se relacionar sem reservas e enxergar a vida de uma forma mais serena e positiva.**

O medo nos rouba o descanso, tira a nossa tranquilidade e pesa a nossa mente. Veja o que o livro de Provérbios nos mostra: *"Quando se deitar, não terá medo e o seu sono será tranquilo"* (3:24). O medo, na verdade, paralisa e pode até ser normal no ser humano. Todavia, o preguiçoso prefere se esconder nele do que enfrentar as situações.

Quem tem fé age com coragem e não se deixa prender por esse mal. Aquele receio de enfrentar algo novo, de lidar com ambientes nunca frequentados é normal. Anormal é não enfrentar situações assim. Quem não ousar passar no nevoeiro jamais experimentará o que vem depois dele. O que estamos dizendo é que é necessário enfrentar o desconhecido para ter resultados melhores.

Substitua o medo pela fé e creia que o Senhor é poderoso para suprir e dar vida abundante. Mas lembre-se: Ele não fará nada que você ou eu possamos fazer. Tudo o que é possível é de nossa alçada, de nossa responsabilidade. Afinal, "tudo é possível ao que crê" (Marcos 9:23).

CONCLUSÃO

A Bíblia diz que o tempo útil de um homem é de 70 anos. Os robustos chegam a 80 e, se alguém viver depois disso, terá enfado e cansaço (Salmos 90:10). O que devemos refletir é que nos é dado aqui na Terra um tempo muito curto. Quantos de nós estamos desperdiçando momentos e estágios preciosos da vida? O que a história falará de você? Que relatório seus filhos e netos darão? O que deixará de herança e legado?

Herança é aquilo que você constrói com a diligência de suas mãos, é o que conquista com o suor do seu trabalho, com as habilidades intelectuais, com a responsabilidade diária e com os resultados de uma árdua jornada. Legado é o testamento do bom caráter escrito no íntimo de seus descendentes (físicos e espirituais), é a crença numa visão nobre, é a luta por uma causa. Acredite, ambos são difíceis de construir e pedem muito empenho.

Nessa árdua tarefa, precisamos do Senhor, o único que pode nos moldar, através do seu Espírito. Quando nos rendemos, Ele nos mostra o caminho para sair do "poço sem fundo" chamado preguiça. Mais do que isso, nos ensina a caminhar na verdade, indicando que é com a sua ajuda que faremos a nossa caminhada.

Creia que a diligência é o mínimo que se pode esperar de quem conhece a Deus. Afinal, somos a sua imagem e semelhança e o Senhor trabalha incessantemente para favorecer os que nEle esperam. É Ele, portanto, quem nos capacitará à superação dos limites da alma, incluindo a preguiça, a displicência, a negligência e o desleixo. E é quem proporcionará ambientes em que precisamos entrar para vencer as barreiras, nos dando ferramentas para que seja moldado em nós o que é necessário para o nosso crescimento.

> *Porque desde a Antiguidade não se ouviu, nem com ouvidos se percebeu, nem com olhos se viu um Deus além de ti que trabalha para aquele que nEle espera.*
>
> *Isaías 64:4*

BIBLIOGRAFIA

BÍBLIA. Português. Bíblia sagrada. Barueri: Sociedade Bíblica do Brasil.

BÍBLIA. Português. A bíblia da mulher. Barueri: Sociedade Bíblica do Brasil. Comentários.

CHAMPLIN, R.N. Ph.D. Enciclopédia de bíblia, teologia e filosofia. São Paulo: Hagnos, 2014.

BIOGRAFIA

Meu nome é Luiz Carlos Silva Moraes. Sou nascido em Coronel Fabriciano, cidade da região do Vale do Aço, em Minas Gerais, porém, morei em Ipatinga desde o nascimento, em 23 de julho de 1975. Sou o sexto de oito irmãos, casado com Gleiciara, pai de Samuel, de 18 anos, e Debora, de oito anos, fruto desse matrimônio.

Sou formado bacharel em Teologia pela Boston Theological School, do estado de Massachusetts, e pela Gordon-Conwell Theological Seminary, ambas nos Estados Unidos. Sou pastor e tenho especialização em Ministério Urbano, no qual tenho grandes experiências trabalhado com jovens e adolescentes.

Luiz Carlos Moraes
Luiz.c.moraes.5
@luiz_moraes2001
luizmoraes2001@gmail.com